# BEI GRIN MACHT SICH IHR WISSEN BEZAHLT

AF145653

- Wir veröffentlichen Ihre Hausarbeit,
  Bachelor- und Masterarbeit

- Ihr eigenes eBook und Buch -
  weltweit in allen wichtigen Shops

- Verdienen Sie an jedem Verkauf

## Jetzt bei www.GRIN.com hochladen und kostenlos publizieren

**Bibliografische Information der Deutschen Nationalbibliothek:**

Die Deutsche Bibliothek verzeichnet diese Publikation in der Deutschen National-
bibliografie; detaillierte bibliografische Daten sind im Internet über http://dnb.d-
nb.de/ abrufbar.

**Impressum:**

Copyright © 2017 GRIN Verlag
Druck und Bindung: Books on Demand GmbH, Norderstedt Germany
ISBN: 9783668863163

**Dieses Buch bei GRIN:**

https://www.grin.com/document/452117

Jannik Mohns

# Trainingsplan aufbauend auf das Fünf-Stufenmodell der Trainingssteuerung

GRIN Verlag

## GRIN - Your knowledge has value

Deutsche Hochschule für
Prävention und Gesundheitsmanagement
Hermann Neuberger Sportschule 3
66123 Saarbrücken

# Einsendeaufgabe

| | |
|---|---|
| **Fachmodul:** | Trainingslehre 2 |
| **Studiengang:** | Fitnessökonomie |
| **Datum Präsenzphase:** | 08.05.17- 10.05.17 |
| **Name, Vorname:** | Mohns, Jannik |
| **Studienort:** | Hamburg |
| **Semester:** | 3 |

# Inhaltsverzeichnis

# 1 Diagnose

Eine vollständige Diagnose ist der Grundbaustein jedes individuellen Trainingsplanes und Teil des Fünf-Stufenmodells der Trainingssteuerung. Sie ermöglicht es, die für den Kunden passenden Methoden auszuwählen.

## 1.1 Allgemeine und biometrische Daten

Im Folgenden werde ich die allgemeinen und biometrischen Daten meines Kunden tabellarisch darstellen und auswerten. Um diese Daten zu ermitteln, wurde im Vorfeld ein Anamnesegespräch durchgeführt. Die ermittelten Daten sollen im Weiteren die Grundlage für die Trainingsplanung sein.

**Tabelle 1: Allgemeine Daten**

| Allgemeine Daten | |
|---|---|
| Alter | 35 |
| Geschlecht | Männlich |
| Körpergröße | 1,80 m |
| Körpergewicht | 85 kg |
| Trainingsmotive | Ausdauer erhöhen, Gesundheitstraining, Spaß und Abwechslung zum Beruf |
| Beruf | Lehrer |
| Frühere sportliche Aktivitäten | Fußball 4x/Woche |
| Aktuelle sportliche Aktivitäten | Laufen 1x/Woche<br>Fußball 1x/Woche |
| Leistungsstufe | Gut |
| Zeitlicher Verfügungsrahmen | 3 mal die Woche für 1-2 Stunden |
| Trainingszustand | Gut |

Der besseren Übersichtlichkeit halber sind die biometrischen Daten in einer weiteren Tabelle dargestellt.

**Tabelle 2: Biometrische- und Gesundheitsparameter**

| Biometrische Parameter | |
|---|---|
| Blutdruck | 119/79 mmHg |
| Ruheherzfrequenz | 60 S/min |
| Taille-Hüft-Quotient | 0,88 |
| Körperfett | 15 % |
| Gesundheitsparameter | |
| Orthopädische Probleme | Keine |
| Internistische Probleme | Keine |
| Ärztliche Behandlung | Keine |
| Medikation | Nein |
| Raucher | Nein |
| Risikofaktoren | Keine |

Der Kunde verfügt über sehr gute Trainingsvoraussetzungen, da weder Risikofaktoren vorliegen, noch andere gesundheitliche Einschränkungen gegen ein Ausdauertraining sprechen. Sowohl die Ruheherzfrequenz, als auch der Taille-Hüft-Quotient liegen im optimalen Bereich. Ebenso ist der Blutdruck im optimalen Bereich.

Für die Bewertung des Blutdruckes wurde die Einteilung der American Heart Association herangezogen. Der Kunde liegt mit seinen Werten im Bereich optimal (gelb markiert).

**Tabelle 3: Blutdruckklassifikation der Amercian Heart Association (modifiziert nach Manica et al., 2013, S.1286)**

| | Systolisch (mmHg) | Diastolisch (mmHg) |
|---|---|---|
| Optimal | < 120 | < 80 |
| Normal | < 130 | < 85 |
| Hochnormal | 130-139 | 85-89 |
| Hypertonie Grad 1 | 140-159 | 90-99 |
| Hypertonie Grad 2 | 160-179 | 100-109 |
| Hypertonie Grad 3 | > 180 | > 110 |

Für die Bewertung der Ruheherzfrequenz wurde folgende Tabelle genutzt. Der Kunde liegt im optimalen Bereich für Erwachsene (gelb markiert)

**Tabelle 4: Normwerte Ruheherzfrequenz Zugriff am 28.22.17 Zugriff unter (https://www.blutdruckdaten.de/puls-normalwerte.html)**

| Alter | Pulsschläge pro Minute |
|---|---|
| 0 Jahre | 140 |
| 2 Jahre | 120 |
| 4 Jahre | 100 |
| 10 Jahre | 90 |
| 14 Jahre | 85 |
| Erwachsene | 60-80 |
| Senioren | 80-85 |

Für die Bewertung des Taille-Hüft-Quotienten wurde folgende Tabelle genutzt. Der Kunde liegt im Bereich „Normalgewicht" (gelb markiert)

**Tabelle 5: Bewertung des Taille-Hüft-Quotienten nach der Deutschen Gesellschaft für Sportmedizin und Prävention DGSP, 2007, S. 26**

| Einteilung | Frauen (cm) | Männer (cm) |
|---|---|---|
| Normalgewicht | <0,8 | <0,9 |
| Übergewicht | 0,8 bis 0,84 | 0,9 bis 0,99 |
| Adipositas | >0,85 | >1,0 |

Die unten aufgeführte Tabelle stellt Normwerte für den Körperfettanteil dar.

**Tabelle 6: Klassifikation Körperfett modiziert nach Gallagher, D., Heymsfield, S.B., Heo, M. et al (2000) Healthy percentage body fat ranges: an approach for developing guidelines based on body mass index. Am. J. Clin. Nutr. 72(3): 694-701**

| Alter in Jahren | Niedrig | Normal | Hoch | Sehr hoch |
|---|---|---|---|---|
| 20-39 | <8 % | 8-20 % | 20-25 % | $\geq$ 25 % |
| 40-59 | <11 % | 11-22 % | 22-28 % | $\geq$ 28 % |
| 60-79 | <13 % | 13-25 % | 13-25 % | $\geq$ 30 % |

Der Körperfettanteil des Kunden liegt im normalen Bereich mit 15% (gelb markiert).

## 1.2 Leistungsdiagnostik

Anhand der biometrischen Daten und der Trainingserfahrung des Kunden, ist davon auszugehen, dass der Kunde fortgeschritten und gut trainiert ist. Daher wurde mit dem Kunden der submaximale Stufentest nach Hollmann & Venrath durchgeführt. Außerdem kommt der Test für Personen infrage, denen eine Belastbarkeit von 150 Watt zugetraut wird. Auch das ist bei der Testperson der Fall, denn seine Blutdruck-, Ruheherzfrequenz- und Taille-Hüftquotient-Werte liegen im sehr guten Bereich. Auch die sportliche Vorgeschichte lässt auf einen guten Trainingsstand schließen.

Um ein individuelles Testprofil auswählen zu können, wird eine Voreinstufung vorgenommen.

Anhand der Voreinstufung lässt sich ebenfalls die Belastbarkeit des Kunden einschätzen. Das Testgerät soll ein Radergometer sein.

**Tabelle 7: Voreinstufung nach Ruheherzfrequenz und Lebensalter (modifiziert nach Trunz, 2001; IPN, 2004, S.4)**

| Alter/$Hf_{Ruhe}$ | <20 | <20-29 | <30-39 | <40-49 | <50-59 | <60-69 | <70 |
|---|---|---|---|---|---|---|---|
| <50 S/min | 140 S/min | 135 S/min | 130 S/min | 125 S/min | 115 S/min | 110 S/min | 105 S/min |
| <50-59 S/min | 145 S/min | 140 S/min | 135 S/min | 125 S/min | 120 S/min | 115 S/min | 110 S/min |
| <60-69 S/min | 145 S/min | 145 S/min | 135 S/min | 130 S/min | 125 S/min | 120 S/min | 115 S/min |
| <70-79 S/min | 150 S/min | 145 S/min | 140 S/min | 135 S/min | 130 S/min | 125 S/min | 120 S/min |
| <80-89 S/min | 155 S/min | 150 S/min | 145 S/min | 140 S/min | 135 S/min | 125 S/min | 125 S/min |
| <90 S/min | 160 S/min | 155 S/min | 150 S/min | 145 S/min | 135 S/min | 130 S/min | 125 S/min |

Durch diese Tabelle lässt sich anhand der Ruheherzfrequenz und des Lebensalters die individuelle Zielherzfrequenz für den Fahrradergometertest bestimmen. Die Ruheherzfrequenz wurde im Vorfeld vom Kunden Zuhause ermittelt. Der Kunde liegt im gelb markierten Bereich, also bei 135 S/min.

Zusätzlich wird in der nächsten Tabelle die Trainingshäufigkeit des Kunden berücksichtigt.

**Tabelle 8: Voreinstufung unter zusätzlicher Berücksichtigung der Trainingshäufigkeit ausdauerrelevanter Aktivitäten (modifiziert nach Trunz, 2001; IPN, 2004, S.4)**

| Trainingszustand | Trainingshäufigkeit/Woche | Stunden/Woche | Pulsaufschlag |
|---|---|---|---|
| Kein Ausdauertraining | Kein einziges Mal | 0 Stunden | Kein Aufschlag |
| Wenig Ausdauertraining | 1-2 mal | ≤ 1 Stunde | Kein Aufschlag |
| Moderates Ausdauertraining | 2-3 mal | 1-2 Stunden | Plus 5 S/min |
| Viel Ausdauertraining | 3-4 mal | 2-4 Stunden | Plus 10 S/min |
| Sehr viel Ausdauertraining | > 4-mal | >4 Stunden | Plus 15 S/min |

Anhand der erhobenen Daten im Anamnesegespräch lässt sich der Kunde bei „moderates Ausdauertraining" einsortieren und somit gibt es einen Aufschlag von 5 S/min.

Für den Kunden ergeben sich nach den beiden Tabellen folgende Zielherzfrequenz für den IPN-Test: Zielherzfrequenz und Abbruchkriterium 140 S/min.

### 1.2.1 Testablauf

Es folgt der organisatorische Aufbau und Ablauf des Tests.

**Tabelle 9: Organisation Testablauf**

| Testform | Hollmann-Venrath-Test |
|---|---|
| Geschlecht | Männlich |
| Alter | 35 Jahre |
| Gewicht | 85 kg |
| Testgerät | Fahrradergometer |
| Belastungsart | Submaximale Belastung, Stufentest |
| Belastungsprotokoll | Eingangsbelastung: 30 Watt<br>Belastungssteigerung: 40 Watt<br>Stufendauer: 3 Minuten<br>Trittfrequenz: ca. 60-80 U/min<br>Pulsobergrenze nach IPN: 140 S/min |
| Testgröße | Wattzahl der zuletzt durchfahrenen Belastungsstufe bei Erreichen der definierten Pulsobergrenze |
| Normbewertung | Relative Soll-Watt-Leistung – Watt pro kg Körpergewicht |

Die folgende Tabelle zeigt den durchgeführten Test und die Ergebnisse.

**Tabelle 10: Testprotokoll mit Ergebnissen**

| Zeit | Watt | Hf1 | Hf2 | Hf3 |
|---|---|---|---|---|
| 1-3 min | 30 | 84 | 84 | 85 |
| 4-6 min | 70 | 91 | 94 | 95 |
| 7-9 min | 110 | 103 | 108 | 113 |
| 10-12 min | 150 | 117 | 118 | 122 |
| 13-15 min | 190 | 128 | 132 | 138 |
| 16-18 min | 230 | 141 | - | - |
| Watt gesamt interpoliert | $190\,Watt + 40\,Watt \times \frac{2}{3} = 203,34$ | | | |
| Watt/Kg | $203,34\,Watt \div 85\,kg = 2,39$ | | | |

### 1.2.2 Testergebnis

Der Kunde hat insgesamt fünf Belastungsstufen vollständig durchfahren. In der zweiten Minute, also Minute 17, der sechsten Belastungsstufe musste der Test aufgrund der erreichten definierten Pulsobergrenze (nach IPN) von 140 S/min beendet werden. Die

Gesamtleistung des Kunden liegt bei 203,3 Watt interpoliert. Das entspricht einer Watt-Soll-Leistung von 2,39.

Mit Hilfe der folgenden Abbildung der Normwerte erfolgt die Beurteilung des Testergebnisses (rot markiert).

| Alter / Intensität | < 30 | 30-34 | 35-39 | 40-44 | 45-49 | 50-54 | 55-59 | > 60 | Bewertung |
|---|---|---|---|---|---|---|---|---|---|
| 0,50 | 1,45 | 1,38 | 1,31 | 1,23 | 1,16 | 1,09 | 1,02 | 0,94 | ☹☹ |
| 0,51 | 1,50 | 1,43 | 1,35 | 1,28 | 1,20 | 1,13 | 1,05 | 0,98 | ☹☹ |
| 0,52 | 1,55 | 1,47 | 1,40 | 1,32 | 1,24 | 1,16 | 1,09 | 1,01 | ☹☹ |
| 0,53 | 1,60 | 1,52 | 1,44 | 1,36 | 1,28 | 1,20 | 1,12 | 1,04 | ☹☹ |
| 0,54 | 1,65 | 1,57 | 1,49 | 1,40 | 1,32 | 1,24 | 1,16 | 1,07 | ☹☹ |
| 0,55 | 1,70 | 1,62 | 1,53 | 1,45 | 1,36 | 1,28 | 1,19 | 1,11 | ☹ |
| 0,56 | 1,75 | 1,66 | 1,58 | 1,49 | 1,40 | 1,31 | 1,23 | 1,14 | ☹ |
| 0,57 | 1,80 | 1,71 | 1,62 | 1,53 | 1,44 | 1,35 | 1,26 | 1,17 | ☹ |
| 0,58 | 1,85 | 1,76 | 1,67 | 1,57 | 1,48 | 1,39 | 1,30 | 1,20 | ☹ |
| 0,59 | 1,90 | 1,81 | 1,71 | 1,62 | 1,52 | 1,43 | 1,33 | 1,24 | ☹ |
| 0,6 | 2,00 | 1,90 | 1,80 | 1,70 | 1,60 | 1,50 | 1,40 | 1,30 | Ø |
| 0,61 | 2,20 | 2,09 | 1,98 | 1,87 | 1,76 | 1,65 | 1,54 | 1,43 | Ø |
| 0,62 | 2,40 | 2,28 | 2,16 | 2,04 | 1,92 | 1,80 | 1,68 | 1,56 | Ø |
| 0,63 | 2,60 | 2,47 | 2,34 | 2,21 | 2,08 | 1,95 | 1,82 | 1,69 | ☺ |
| 0,64 | 2,80 | 2,66 | | 2,38 | 2,24 | 2,10 | 1,96 | 1,82 | ☺ |
| 0,65 | 3,00 | 2,85 | 2,70 | 2,55 | 2,40 | 2,25 | 2,10 | 1,95 | ☺ |
| 0,66 | 3,20 | 3,04 | 2,88 | 2,72 | 2,56 | 2,40 | 2,24 | 2,08 | ☺☺ |
| 0,67 | 3,40 | 3,23 | 3,06 | 2,89 | 2,72 | 2,55 | 2,38 | 2,21 | ☺☺ |
| 0,68 | 3,60 | 3,42 | 3,24 | 3,06 | 2,88 | 2,70 | 2,52 | 2,34 | ☺☺ |
| 0,69 | 3,80 | 3,61 | 3,42 | 3,23 | 3,04 | 2,85 | 2,66 | 2,47 | ☺☺ |
| 0,70 | 4,00 | 3,80 | 3,60 | 3,40 | 3,20 | 3,00 | 2,80 | 2,60 | ☺☺ |

Ø = Normwerte für eine untrainierte Person nach der Zweidrittel-Leistung (Zweidrittel der zu erbringende relativen Watt-Soll-Leistung des Vita-Maxima-Tests)

Intensität = Intensitätsfaktor zur Berechnung der empfohlenen Trainingsherzfrequenz

**Abbildung 1:Normtabelle für submaximale Radergometertets-Relative Watt-Soll-Leistung (Watt pro kg) bei Männern (modifiziert nach IPN, 2004)**

Der Kunde hat mit seiner Wattleistung den Intensitätsfaktor 0,63 erreicht. Der Kunde befindet sich oberhalb des durchschnittlichen Bereiches im guten Bereich. Dieses Ergebnis untermauert die erhobenen Daten aus dem Anamnesegespräch und zeigt auf, dass der Kunde ein gesunder und gut trainierter Sportler ist und somit ist die Wahl des Ausdauertests bestätigt worden.

## 1.3 Gesundheits- und Leistungsstatus

Der Gesundheitsstatus ist sehr gut, da weder Risikofaktoren vorliegen, noch andere gesundheitliche Einschränkungen gegen ein Ausdauertraining sprechen. Der Kunde liegt mit seinen Blutdruckwerten im Bereich Optimal. Die Ruheherzfrequenz ist niedrig und der THQ ist ebenfalls gut. Medikamente werden vom Kunden nicht genommen. Der Leistungsstatus wurde durch die Norm-Leistungstabelle aufgezeigt und zeigt eine Bewertung des Trainingszustandes im Bezug auf die aerobe Ausdauerleistungsfähigkeit. Der zuvor erfolgte Leistungstest wird in regelmäßigen Abständen wiederholt, um das Training an die verbesserte Leistungsfähigkeit des Kunden anzupassen und zu überprüfen, ob das Training zielführend ist. Dafür wird zunächst die relative Watt-Soll-Leistung, sprich Watt pro kg ausgerechnet:

## 2  Zielsetzung/Prognose

Die Ziele wurden im Anamnesegespräch mit dem Kunden ermittelt. Dem Kunden wurde geholfen realistische und erreichbare Ziele zu formulieren.

**Tabelle 11: Ziele des Kunden**

| Ziel/Inhalt | Ausmaß | Zeit | Begründung |
|---|---|---|---|
| Ausdauersteigerung | Steigerung des Intensitätsfaktors von 2,39 auf 2,7 (Hollmann & Venrath-Test) | 10-12 Wochen | Der Kunde will für das Fußball spielen mit den Kollegen fitter und ausdauernder sein. Die Ausdauerleistungsfähigkeit soll deshalb erhöht werden. Die aerobe Kapazität kann in 10-12 Wochen um ca. 20% gesteigert werden (Zintl, 1988, S.176) |
| Körperfettreduktion | Von 15 % auf 12 % | 3 Monate | Aus medizinischer Sicht kein direkt notwendiges Ziel, da sich der Kunde bereits im normalen Bereich befindet, aber aufgrund von ästhetischen Wünschen relevant für den Kunden. Nach Bischoff und Betz ist eine Reduzierung des Körperfetts von 250-500g pro Woche möglich. (Bischoff, Betz, 2010, S. 422) |
| Neue Trainingsmethoden kennen lernen | | 6 Wochen | Der Kunde kennt bisher nur die extensive und die intensive Dauermethode, die er im privaten angewandt hat. Aus trainingswissenschaftlicher Sicht macht es Sinn die extensive und intensive Intervallmethode ins Training mit aufzunehmen, um die Laktattoleranz zu erhöhen und die Umstellungsfähigkeit zwischen aerober und anaerober Energiebereitstellung zu verbessern. (Zintl, 1988, S. 108-109) |

# 3    Trainingsplanung Mesozyklus

Die Planung des Mesozyklus basiert auf den in der Anamnese erhobenen Daten, der Diagnose und auf der Zielformulierung. Der Mesozyklus wird in eine Grob- und eine Detailplanung unterteilt.

Für die Ermittlung der individuellen Trainingsbereiche wurde im Folgenden die KARVONEN-Formel benutzt. Diese berücksichtigt den Trainingszustand des Kunden mittels der Ruheherzfrequenz und der altersbedingten Veränderung der maximalen Herzfrequenz.

**Karvonen-Formel:**
$$Thf = (Hf_{max} - Hf_{Ruhe}) \times \text{Intensität in \%} + Hf_{Ruhe}$$

**Legende zur Karvonen-Formel:**
Thf = Trainingsherzfrequenz
$Hf_{Ruhe}$ = Ruheherzfrequenz
$Hf_{max}$ = maximale Herzfrequenz
$(Hf_{max} - Hf_{Ruhe})$ = Herzfrequenzreserve

**Abbildung 2:Karvonen-Formel (ACSM,2006, S.342)**

Es folgt eine Tabelle mit den errechneten Werten des Kunden.

**Tabelle 12: Trainingsherzfrequenzen**

|  | Fahrradergometer | | Laufband | |
|---|---|---|---|---|
| $Hf_{max}$ | 200 – Lebensalter = 165 S/min | | 220 - Lebensalter = 185 S/min | |
| $Hf_{Ruhe}$ | 60 S/min | | | |
|  | $Hf_{Reserve}$ | S/min | $Hf_{Reserve}$ | S/min |
|  | 45 % | 107 | 45 % | 116 |
|  | 50 % | 112 | 50 % | 122 |
|  | 55 % | 118 | 55 % | 129 |
|  | 60 % | 123 | 60 % | 135 |
|  | 65 % | 128 | 65 % | 141 |
|  | 70 % | 133 | 70 % | 147 |
|  | 75 % | 139 | 75 % | 154 |
|  | 80 % | 144 | 80 % | 160 |
|  | 85 % | 149 | 85 % | 166 |
|  | 90 % | 154 | 90 % | 172 |
|  | 95 % | 160 | 95 % | 178 |
|  | 100 % | 165 | 100 % | 185 |

## 3.1 Grobplanung Mesozyklus

Die folgende Tabelle zeigt den Mesozyklus.

**Tabelle 13: Grobplanung Mesozyklus 1**

| Dauer | 6 Wochen | | | | | | | |
|---|---|---|---|---|---|---|---|---|
| Trainingsziele | REKOM Training, Verschieben der ANS, Laktattoleranz erhöhen, Umstellungsfähigkeit in Energiebereitstellung, Körperfettreduktion, Entwicklung Grundlagenausdauer II (GLA2), Entwicklung azyklische Grundlagenausdauer (az. GLA), Entwicklung Langzeitausdauer II (LZA 2) | | | | | | | |
| Tr.-Methoden | REKOM, extensive und intensive Intervallmethode, intensive Dauermethode | | | | | | | |
| Tr.-Intensitäten | REKOM | | Exten. IM | | Inten. IM | | Inten. DM | |
| | 45-55% $Hf_{Reserve}$ | | 70-85% $Hf_{Reserve}$ | | 85-90% $Hf_{Reserve}$ | | 65-80 % $Hf_{Reserve}$ | |
| Puls Ober- und Untergrenze | Laufen | Rad | Laufen | Rad | Laufen | Rad | Laufen | Rad |
| | 116-129 | 107-118 | 147-166 | 133-149 | 166-172 | 149-154 | 141-160 | 128-144 |
| Tr.-Dauer in Min. | 30-60 Minuten | | | | | | | |
| Tr. Häufigkeit | 3x | | | | | | | |
| Tr.-Dauer gesamt in Min. | 120-180 Minuten | | | | | | | |
| Tr.-Geräte | Radergometer, Laufband | | | | | | | |

## 3.2 Detailplanung Mesozyklus

Tabellarische Darstellung Woche 1 :

**Tabelle 14:Woche 1**

| Woche 1 | | | |
|---|---|---|---|
| Tag | Montag | Mittwoch | Freitag |
| Trainingsziel | GLA2, LZA 2 | az. GLA | az. GLA |
| Tr.-Methode | Inten. DM | Exten. IM | Exten. IM |
| Tr.-Intensitäten | 65-80 % $Hf_{Reserve}$ | 70-85% $Hf_{Reserve}$ | 70-85% $Hf_{Reserve}$ |
| Tr.-Herzfrequenz | 128-144 | 147-166 | 133-149 |
| Tr.-Dauer | 45min | 36min:12 Intervalle: 60 sek. Belastung, 120 sek. Pause | 36min:12 Intervalle: 60 sek. Belastung, 120 sek. Pause |
| Tr.-Gerät | Fahrrad | Laufband | Fahrrad |

## Tabellarische Darstellung Woche 2 :

**Tabelle 15:Woche 2**

| Tag | Montag | Mittwoch | Freitag |
|---|---|---|---|
| Trainingsziel | GLA2, LZA 2 | az. GLA | Regeneration |
| Tr.-Methode | Inten. DM | Exten. IM | REKOM |
| Tr.-Intensitäten | 65-80 % $Hf_{Reserve}$ | 70-85% $Hf_{Reserve}$ | 45-55% $Hf_{Reserve}$ |
| Tr.-Herzfrequenz | 141-160 | 133-149 | 107-118 |
| Tr.-Dauer | 45min | 36min:12 Intervalle: 60 sek. Belastung, 120 sek. Pause | 30min |
| Tr.-Gerät | Laufband | Fahrrad | Fahrrad |

## Tabellarische Darstellung Woche 3 :

**Tabelle 16:Woche 3**

| Tag | Montag | Mittwoch | Freitag |
|---|---|---|---|
| Trainingsziel | Regeneration | GLA2, LZA 2 | az. GLA |
| Tr.-Methode | REKOM | Inten. DM | Inten. IM |
| Tr.-Intensitäten | 45-55% $Hf_{Reserve}$ | 65-80 % $Hf_{Reserve}$ | 85-90% $Hf_{Reserve}$ |
| Tr.-Herzfrequenz | 116-129 | 128-144 | 166-172 |
| Tr.-Dauer | 45min | 50min | 30min:9 Intervalle: 20 sek. Belastung, 180 sek. Pause |
| Tr.-Gerät | Laufband | Fahrrad | Laufband |

## Tabellarische Darstellung Woche 4 :

**Tabelle 17:Woche 4**

| Tag | Montag | Mittwoch | Freitag |
|---|---|---|---|
| Trainingsziel | az. GLA | az. GLA | Regeneration |
| Tr.-Methode | Exten. IM | Inten. IM | REKOM |
| Tr.-Intensitäten | 70-85% $Hf_{Reserve}$ | 85-90% $Hf_{Reserve}$ | 45-55% $Hf_{Reserve}$ |
| Tr.-Herzfrequenz | 147-166 | 149-154 | 116-129 |
| Tr.-Dauer | 52,5min:15 Intervalle: 90 sek. Belastung, 120 sek. Pause | 42 min:12 Intervalle: 30 sek. Belastung, 180 sek. Pause | 50 min |
| Tr.-Gerät | Laufband | Fahrrad | Laufband |

Tabellarische Darstellung Woche 5 :

**Tabelle 18: Woche 5**

| Tag | Montag | Mittwoch | Freitag |
|---|---|---|---|
| Trainingsziel | Regeneration | GLA 2/ LZA 2 | az. GLA |
| Tr.-Methode | REKOM | Inten. DM | Inten. IM |
| Tr.-Intensitäten | 45-55% $Hf_{Reserve}$ | 65-80 % $Hf_{Reserve}$ | 85-90% $Hf_{Reserve}$ |
| Tr.-Herzfrequenz | 107-118 | 128-144 | 166-172 |
| Tr.-Dauer | 50 min | 55 min | 30 min:12 Intervalle: 30 sek. Belastung, 120 sek. Pause |
| Tr.-Gerät | Fahrrad | Laufband | Laufband |

Tabellarische Darstellung Woche 6 :

**Tabelle 19: Woche 6**

| Tag | Montag | Mittwoch | Freitag |
|---|---|---|---|
| Trainingsziel | az. GLA | az. GLA | Regeneration |
| Tr.-Methode | Exten. IM | Inten. IM | REKOM |
| Tr.-Intensitäten | 70-85% $Hf_{Reserve}$ | 85-90% $Hf_{Reserve}$ | 45-55% $Hf_{Reserve}$ |
| Tr.-Herzfrequenz | 133-149 | 149-154 | 116-129 |
| Tr.-Dauer | 45 min:15 Intervalle: 90 sek. Belastung, 90 sek. Pause | 42 min:12 Intervalle: 30 sek. Belastung, 180 sek. Pause | 50 min |
| Tr.-Gerät | Fahrrad | Fahrrad | Laufband |

## 3.3 Begründung Mesozyklus

### 3.3.1 Begründung zum angestrebten wöchentlichen Belastungsumfang

Der wöchentliche Belastungsumfang liegt pro Woche bei ca. 2 Stunden. Berücksichtigt man die anderen Aktivitäten des Kunden, kommt der Kunde auf eine Belastungszeit von 2-4 Stunden. Der Belastungsumfang orientiert sich am Gesundheits-Optimalprogramm (Zintl, 1988, S.120). Die Trainingshäufigkeit von 3 x 60 Minuten Training die Woche wird ebenfalls weitestgehend abgedeckt. Im Hinblick auf die Körperfettreduktion ist es sinnvoll ca. 3000 kcal durch sportliche Ausdaueraktivitäten zu verbrennen (Zintl, 1988, S.121). Um das Ziel der Steigerung der Ausdauerleistungsfähigkeit zu verfolgen, ist das Gesundheits-Optimalprogramm, ebenfalls bestens geeignet, da somit die aerobe Kapazität in 10-12 Wochen um ca. 20 % gesteigert werden kann. (Zintl, 1988, S.176)

### 3.3.2 Begründung zu den ausgewählten Trainingsmethoden

Im Training des Kunden kommen vier Trainingsmethoden zum Einsatz: Die intensive Dauermethode, REKOM-Training, die extensive und die intensive Intervallmethode. Die intensive Dauermethode wurde ausgewählt, da die „Ökonomisierung, Stabilisierung eines Leistungsniveaus, Regeneration, Fettstoffwechseltraining " (Zintl, 1988, S.105) Ziele des Trainings sein sollten. Die extensive Intervallmethode wurde ausgewählt um folgende Trainingswirkungen zu erzielen: „Erweiterung der aeroben Kapazität über den zentralen Bereich (Herztransportarbeit), Erweiterung der anaerob-laktaziden Kapazität (Laktattoleranz)" (Zintl, 1988, S.105). Die intensive Intervallmethode wurde ausgewählt um folgende Trainingswirkungen zu erzielen: „Sportherztraining, Erweiterung der anaerob-laktaziden Kapazität (hohe Laktatproduktion), FTF-Beanspruchung, Umstellungsfähigkeit in Energiebereitstellung" (Zintl, 1988, S.105). Abgesehen von der Leistungssteigerung, wünscht sie der Kunde neue Trainingsmethoden. Zusätzlich wurde noch das REKOM-Training mit in den Trainingsplan aufgenommen als regenerationsunterstützende Maßnahme und um die Regenerationszeiten zu gewähren (Zintl, 1988, S.168).
.

### 3.3.3 Begründung zur Belastungsprogression

Die Belastungsprogression orientiert sich am Gesundheits-Optimalprogramm (Zintl, 1988, S.120). Um das Trainingsprinzip der progressiven Belastungssteigerung zu erfüllen wurden bei der extensiven und intensiven Intervallmethode sowohl die Anzahl der Intervalle, als auch die Belastungszeit über die Woche erhöht. Zusätzlich wurde die Pausenzeit verringert. Die Belastungszeit bei der intensiven Dauermethode wurde ebenfalls über die Zeit erhöht. Erhöht wurde sukzessive statt sprunghaft. Da gleichbleibende Belastungsreize mit der Zeit nicht mehr überschwellig wirken, muss eine fortschreitende Steigerung der Trainingsbelastung stattfinden (Zintl, 1988, S.14).

### 3.3.4 Begründung zu den angesteuerten Trainingsbereichen

„Im aeroben Ausdauertraining wird die trainingswirksame Schwelle bei einer 50%igen Inanspruchnahme der maximalen Herz-Kreislauf-Leistung gesehen" (Zintl, 1988, S.14). Damit liegt der Kunde mit allen seinen Trainingsherzfrequenzen über dieser Schwelle und das Training erfüllt somit das Trainingsprinzip des wirksamen Belastungsreizes. Der Kunde trainiert in den Bereichen der Grundlagenausdauer 2, der Langzeitausdauer 2 und der azyklischen Grundlagenausdauer. Der Trainingsbereich der Grundlagenausdauer 2 wird angestrebt, da der Kunde über eine sehr gute Grundlagenausdauer 1 verfügt. Gründe hierfür sind vor allem die Aufgaben der GLA 2: „neue Reserven für weitere Leistungssteigerungen zu erschließen, die sportliche Technik zu ökonomisieren, Durchhaltevermögen zu steigern und insgesamt die psychische Belastungstoleranz zu erhöhen" (Zintl, 1988, S.85). Das Training der azyklischen Grundlagenausdauer ist für den Kunden relevant, um sein Ziel, das verbesserte Fußballspiel, zu erreichen. Denn die „azyklische Grundlagenausdauer ist die Ausdauerfähigkeit, die in Spielsport- und Kampfsportarten erforderlich ist....."(Zintl, 1988, S.86). Um dem Ziel der Körperfettreduktion gerecht zu werden, trainiert der Kunde im Bereich der Langzeitausdauer 2. Zintl stellt fest: „Für die energetische Absicherung der LZA-II-Leistungen reicht das Muskelglykogen nicht mehr aus....Der Gesamtenergiebedarf kann bis auf 2400 kcal (10000kJ) ansteigen, was eben aus den Muskelsubstraten nicht mehr gedeckt werden kann" (Zintl, 1988, S.92).

### 3.3.5    Begründung des ausgewählten Trainingsgeräts

Beide Trainingsgeräte sind dem Kunden sehr gut bekannt, daher gibt es kaum negative Einschränkungen durch fehlende Koordination auf die Trainingsleistung. Der Kunde hat den Wunsch geäußert neue Trainingsmethoden kennen zu lernen. Dies ist einfacher auf einem ihm bekannten Gerät und deutlich sicherer. Bei zwei verschiedenen Geräten ist eine höhere Variation gegeben. Diese ist laut Trainingsprinzip der Variation der Trainingsbelastung „...notwendige Voraussetzung für wirksame Trainingsbelastungen..." (Zintl, 1988, S.15). Außerdem ist der Kalorienverbrauch beim Laufen sehr hoch. Der Kalorienverbrauch, angegeben in Kilokalorien pro 1 kg Körpergewicht pro Stunde, beträgt beim Laufen 9km/Std 9,5 kcal (Zintl, 1988, S.124). Der hohe Kalorienverbrauch ist für den Kunden interessant und relevant, da er sein Körperfett reduzieren möchte.

# 4    Literaturrecherche

Es folgt die tabellarische Darstellung der ersten Studie.

**Tabelle 20: Auswirkungen von Ausdauer- vs. Krafttraining vs. der Kombination Ausdauer-/Krafttraining auf die systemische Hämodynamik, Gefäßelastizität sowie Herzfrequenzvariabilität bei Patienten mit arterieller Hypertonie**

| | Inhalt |
|---|---|
| Autorin | Anna Lena Bickenbach |
| Titel | Auswirkungen von Ausdauer- vs. Krafttraining vs. der Kombination Ausdauer-/Krafttraining auf die systemische Hämodynamik, Gefäßelastizität sowie Herzfrequenzvariabilität bei Patienten mit arterieller Hypertonie |
| Erscheinungsjahr | 2011 |
| Fragestellung | Herausarbeiten von evtl. Vorteilen einer bestimmten Trainingsform (Kraft- vs. Ausdauertraining) bzw. einem Trainingsprotokoll (Intensität, Umfang, Dauer) im Hinblick auf das Ziel eines möglichst günstigen Effekts auf den arteriellen Blutdruck (S.20) |
| Zielsetzung | Aufzuzeigen, dass die Probanden, die ein Kraft- und Ausdauertraining machen, einen höheren Blutsenkungseffekt aufweisen, als die reine Krafttrainingsgruppe und die reine Ausdauertrainingsgruppe |
| Informationen zur Stichprobe | 1. Das Trainingsprotokoll wurde durch eine 1-zu-1-Betreuung überwacht (S.55) <br> 2. Durch individuelles Training wurde die Compliance gefördert, was zu einer drop-out-rate von 0% geführt hat (S.22) <br> 3. Trotz „standardisierten Studienbedingungen ergeben sich Limitationen, insbesondere im Hinblick auf die Heterogenität der Stichprobe". (S.56) <br> 4. „Die Probanden unterschieden sich hinsichtlich Alter, Geschlecht, sozioökonomischem Hintergrund, Medikation und Komorbiditäten, Variationen im Bewegungsverhalten". (S.63) <br> 5. Da Hypertoniepatienten (n=55 Personen als Limitation) schwer zu finden sind, konnte die Homogenität der Stichprobe nicht immer gewährleistet werden. (S.63) |
| Untersuchungsdesign /Durchführung | 1." Die Teilnehmer unterzogen sich vor und nach den zwölf Trainingswochen einer kompletten ärztlichen Untersuchung (inkl. Leistungsdiagnostik, Laborparametern und hämodynamischen Variablen). Um Schwankungen zu vermeiden wurden die Untersuchungen im Prä- und Posttest zu gleichen Zeiten sowie in gleicher Reihenfolge durchgeführt" (S.23) <br> 2. Im Anschluss wurde jeder Patient randomisiert in eine der vier Trainingsgruppen gesteckt: Ausdauertrainingsgruppe (ATG: n=13, 9m, 4w), Krafttrainingsgruppe (KTG: n=14m 11m, 3w ), Ausdauer- und Krafttrainingsgruppe (AKTG: n=15, 12m, 3w) und Kontrollgruppe (KG: n=13, 10m, 3 w) (S.23-24) <br> 3. Teilnehmer wurden aufgefordert „ihre Ess-, Rauch- und Trinkgewohnheiten konstant zu halten, mit Ausnahme der KG" (S.24) <br> 4. ATG, AKTG und KTG 3 Trainingseinheiten pro Woche und KG keinen systematischen Sport (S.24) <br> 5. Training: 5min Warm-up Fahrradergometer 40% HF-Reserve, im Anschluss erfolgte das Trainingsprogramm gemäß ihrer Gruppeneinteilung (S.25) <br> 6. ATG-Training: Intensität von 50 % alle zwei Wochen um 5 % gesteigert, ermittelt durch Karvonen-Formel+ Umfang alle vier Wochen um 5 Minuten; von 20 auf 30 Minuten und 1RM Testung für KTG (S.25) <br> 7. ATG= Fahrradergometer + Herzfrequenzmessgerät (S.25) <br> 8. KTG-Training: Intensität von 50 % alle zwei Wochen um 5 % gesteigert, ermittelt 1RM Testung für KTG (S.25) <br> 9. KTG= Zirkeltraining von 13 Krafttrainingsübungen, jeweils 10 Wiederholungen mit einer Pause von 30 Sekunden = Trainingszeit ca. 30 Minuten (S.26) <br> 10. AKTG= Führten beide Trainings durch = Trainingszeit ca. 60 Minuten (S.26) |
| Ergebnisse | **1.Pulswellengeschwindigkeit**: „Anhand einer Einteilung nach Altersklassen … lässt sich nach der Intervention im Intervall der 30-55-Jährigen eine sehr signifikante Reduzierung der PWV bei der AKTG (p=0,005) feststellen" (S.36) |

| | Inhalt |
|---|---|
| | **2. BMI**: Die ATG und die AKTG können eine ... signifikante Reduzierung des BMI erzielen. Bei der ATG entspricht dies einer Reduktion von 28,63 ± 3,976 auf 27,98 ± 3,76 (p=0,002), bei der AKTG von 29,49 ± 3,867 auf 29,05 ± 3,84 (p=0,021) (S.43) |
| | **3. Baumumfang:** ATG und AKTG weisen Reduzierungen hinsichtlich ihres Bauchumfangs auf. ATG=102,33 ± 7,53 auf 100,67 ± 6,85 (p=0,047), bei der AKTG von 106,50 ± 12,10 auf 104,12 ± 12,49. (S.44) |
| | **4. Leistungsfähigkeit:** AKTG von 152,90 ± 48,30 auf 180,90 ± 59,00 (p ≤0,001), in der ATG von 155,90 ± 51,90 auf 172,10 ± 52,20 und in der KTG von 148,20 ± 38,60 auf 160,70 ± 35,00. (S.45) |
| | **5. Blutdruck:** <br> AT Gruppe Blutdruck -3,30 mmHg (2,35%) <br> KT Gruppe Blutdruck -4,90 mmHg (3,44 %) <br> AKT Gruppe Blutdruck -5,80 mmHg (4,18 %) (S.49-52) |

Es folgt die tabellarische Darstellung der zweiten Studie.

**Tabelle 21:Effekte eines 12-wöchigen Ausdauertrainings auf die körperliche Leistungsfähigkeit und den psychischen Zustand von Patienten mit isolierter systolischer Hypertonie**

| | Inhalt |
|---|---|
| Autorin | Romy Meißner |
| Titel | Effekte eines 12-wöchigen Ausdauertrainings auf die körperliche Leistungsfähigkeit und den psychischen Zustand von Patienten mit isolierter systolischer Hypertonie |
| Erscheinungsjahr | 2011 |
| Fragestellung | „Auswirkungen eines zwölfwöchigen Trainingsprogramms auf den körperlichen Zustand, die kardiovaskuläre Funktion und das Wohlbefinden, sowie die Eignung von verschiedenen Methoden zur Festlegung der Intensität und Trainingssteuerung eines Trainingsprogrammes bei älteren Patienten mit einer isolierten systolischen Hypertonie" (S.16) |
| Zielsetzung | Findung spezieller Richtlinien zur Trainingsintensität und -häufigkeit für Patienten mit einer isolierten systolischen Hypertonie (S.14) |
| Informationen zur Stichprobe | **Einschlusskriterien:** Isolierter systolischer Bluthochdruck (systolisch > 140 mmHg, diastolisch ≤ 90 mmHg), Alter ≥ 60 Jahre (S.17) <br> **Ausschlusskriterien**: Regelmäßige sportliche Betätigung innerhalb der letzten 12 Wochen vor Beginn der Studie, Periphere arterielle Verschlusskrankheit >IIa , Aorteninsuffizienz bzw. Stenose > I. Grades , Hypertrophe obstruktive Kardiomyopathie (HOCM), Herzinsuffizienz > NYHA II, Absolute Arrhythmien mit hämodynamischer Relevanz, Systolischer Blutdruck > 180 mmHg, Ischämiezeichen im EKG der Eingangsuntersuchung, Veränderungen der medikamentösen antihypertensiven Therapie in den letzten 6 Wochen. (S.17) <br> „Alle Patienten wurden mit mindestens einem und bis zu fünf antihypertensiven Medikamenten behandelt, durchschnittlich nahm jeder Teilnehmer drei verschiedene Antihypertensiva ein. Die Medikation beinhaltete Diuretika, Kalziumkanalblocker, ACEHemmer, Nitrate, β-Blocker, α-Blocker, AT1-Blocker, Clonidin, Moxonidin und Minoxidil. Die antihypertensive Therapie wurde während des Studienablaufes nicht verändert. „ (S.18) <br> **Probanden**: 57 Patienten wurden für die Teilnahme an der Studie in Betracht gezogen. Ausgewertet wurden die Daten von 51 Teilnehmern (27 Kontrollgruppe, davon 11 Männer und 16 Frauen; 24 Trainingsgruppe mit 13 Männern und 11 Frauen)." Drei Patienten sind bereits im Vorfeld von der Studie ausgeschlossen worden. Aus der Trainingsgruppe wurden drei Patienten während der Studie ausgeschlossen. Ein Patient schied aufgrund einer gastrointestinalen Erkrankung mit stationären Krankenhausaufenthalt aus, ein Patient musste die Studie aufgrund von belastungsinduzierten Schmerzen in beiden Kniegelenken abbrechen und ein weiterer Untersuchungsabbruch wurde durch einen Autounfall des Patienten und darauf folgenden Ver- |

17/20

| | Inhalt | |
|---|---|---|
| | | letzungen verursacht." (S.19) |
| Untersuchungsdes-ign/Durchführung | | **1.Eingangsuntersuchung:** Ruhe- und Belastungs-EKG, Laufband-Spiroergometrie, eine 24-Stunden-Langzeitblutdruckmessung, Echokardiografie des Herzens. Zur Ermittlung der Leistungsfähigkeit und Festlegung der Trainingsintensität wurde eine Laufbandspiroergometrie nach einem modifizierten Balke-Protokoll durchgeführt (S.19)<br><br>**2. Randomisierung:** Nach Abschluss der Eingangsuntersuchung wurden mittels Computer zufällig die Probanden in eine Trainingsgruppe (Training) und eine Kontrollgruppe (kein Training) eingeteilt. (S.20-21)<br><br>**3. Trainingsprogramm:** 12-wöchiges Ausdauertraining, dreimal pro Woche durchgeführt= 36 Trainingstage, Intervall-Schema.<br>Die Belastungszeit beziehungsweise der Belastungsumfang systematisch gesteigert. In den ersten fünf Einheiten erfolgten Trainingsintervalle von 5 mal 3 Minuten, in den zweiten von 4 mal 5 Minuten, in den dritten von 3 mal 8 Minuten, in den vierten von 3 mal 10 Minuten, in den fünf-ten von 2 mal 15 Minuten und in den letzten fünf Trainingseinheiten fand eine durchgehende Belastung von 30 bis 40 Minuten statt. „Zwischen den einzelnen Belastungen pausierten die Patienten über drei Minuten. Die Pause wurde in der Regel aktiv gestaltet, das heißt die Teil-nehmer gingen in der Hälfte ihrer Trainingsgeschwindigkeit weiter. Nur wenn die Trainingsge-schwindigkeit unter 4 km/h betrug, erfolgte die Pause sitzend." (S.21-22)<br><br>**4. Trainingssteuerung:** „Die Trainingssteuerung erfolgte mittels Laktatkonzentration (Zielwert: 2,0 ± 0,5 mmol/l im Kapillarblut), welche jeden fünften Trainingstag gemessen wurde. Bei Abwei-chungen wurde die Geschwindigkeit (Erhöhung um 0,5 km/h) beziehungsweise Steigung (Erhö-hung um drei Prozent) im Training entsprechend angepasst. Weiterhin dienten die gemessenen Herzfrequenzen (Polar Sport Tester, Finnland) und die subjektive Befindlichkeit der Patienten, die mittels Borg-Skala erhoben wurde, der Steuerung des Trainings. Pausiert beziehungsweise abgebrochen wurde das Training bei Krankheit, Schmerzen und Blutdruckwerten systolisch über 220 mmHg." (S.22)<br><br>**5. Abschlussuntersuchung:** Untersuchung möglicher Veränderungen der Herz-Kreislauf-Funktion und der körperlichen Leistungsfähigkeit. Diese bestand, genau wie die Eingangsunter-suchung, aus Ruhe- und Belastungs-EKG, einer Laufband-Spiroergometrie, einer 24-Stunden-Langzeit-Blutdruckmessung und einer Echokardiografie.(S.23) |
| Ergebnisse | | **Leistungsfähigkeit:** Trainingsgruppe erreichte eine signifikante Verbesserung (p < 0.01) der Leistung von durchschnittlich 153,4 ± 12,4 Watt in der Eingangsuntersuchung auf durchschnitt-lich 197,7 ± 11,1 Watt in der Ausgangsuntersuchung beobachtet. In der Kontrollgruppe kam es dagegen nur zu einer sehr geringfügigen Verbesserung der Leistung von 122,6 ± 10,0 Watt auf 127,5 ± 10,8 Watt (p < 0,7) (S.24)<br><br>**Systolischer Blutdruck bei submaximaler Belastung:** „Hinsichtlich des systolischen Blut-druckwertes bei R2 kam es in der Trainingsgruppe zu einem signifikanten (p < 0.0004) Absinken von 185,2 ± 5,7 mmHg im Eingangstest auf 153,8 ± 5,9 mmHg im Ausgangstest. In der Kontroll-gruppe konnte ein signifikantes Absinken des systolischen Blutdruckes von 189,3 ± 5,6 mmHg in der Eingangsuntersuchung auf 167,1 ± 5,3 mmHg (p < 0,0063) beobachtet werden" (S.25)<br><br>**Diastolischer Blutdruck bei submaximaler Belastung:**<br>„Hinsichtlich des diastolischen Blutdruckwertes bei R2 gab es weder in der Trainings- noch in der Kontrollgruppe signifikante Verbesserungen. Es ist lediglich ein leichtes Absinken des Wertes in der Trainingsgruppe von 82 ± 3,3 mmHg auf 74 ± 3,5 mmHg (p 25 < 0,1) und in der Kontroll-gruppe von 78,7 ± 2,7 mmHg auf 73,7 ± 2,9 mmHg (p < 0,2) festzustellen" (S.25-26) |

# 5 Literaturverzeichnis

Biesalski, H.K., Bischoff, S.C., Puchstein, C. (Hrsg.). (2010). *Ernährungsmedizin. Nach dem neuen Curriculum Ernährungsmedizin der Bundesärztekammer*. Stuttgart: Georg Thieme Verlag.

Bickenbach, A. L. (2011). *Auswirkungen von Ausdauer- vs. Krafttraining vs. der Kombination Ausdauer-/Krafttraining auf die systemische Hämodynamik, Gefäßelastizität sowie Herzfrequenzvariabilität bei Patienten mit arterieller Hypertonie*. Dissertation, Deutsche Sporthochschule Köln. Köln.

Meißner, R. (2011). *Effekte eines 12-wöchigen Ausdauertrainings auf die körperliche Leistungsfähigkeit und den psychischen Zustand von Patienten mit isolierter systolischer Hypertonie*. Dissertation, Medizinische Fakultät Charité. Berlin

Zintl, F. (1988). *Ausdauertraining. Grundlagen – Methoden – Trainingssteuerung*. München: BLV Sportwissen.

# 6 Tabellenverzeichnis

# 7 Abbildungsverzeichnis